LE TRANSPOSITEUR

OU

L'IMPROVISATEUR DE TISSUS

APPAREIL NON BREVETÉ

Basé sur la théorie des nombres premiers et des progressions arithmétiques ascendantes ; donnant un nombre infini de combinaisons

À L'USAGE DES COMPOSITEURS DE TISSUS ET DES DESSINATEURS

inventé et décrit

PAR

Edouard GAND

Dessinateur industriel et liseur de cartons Jacquard, Professeur des Cours de tissage et de dessin à la Société industrielle d'Amiens, Membre de l'Académie d'Amiens, Officier d'Académie.

Trois Planches — 30 figures sur pierre et sur bois

PARIS
LIBRAIRIE POLYTECHNIQUE
J. BAUDRY, ÉDITEUR,
15, rue des Saints-Pères, 15

1871

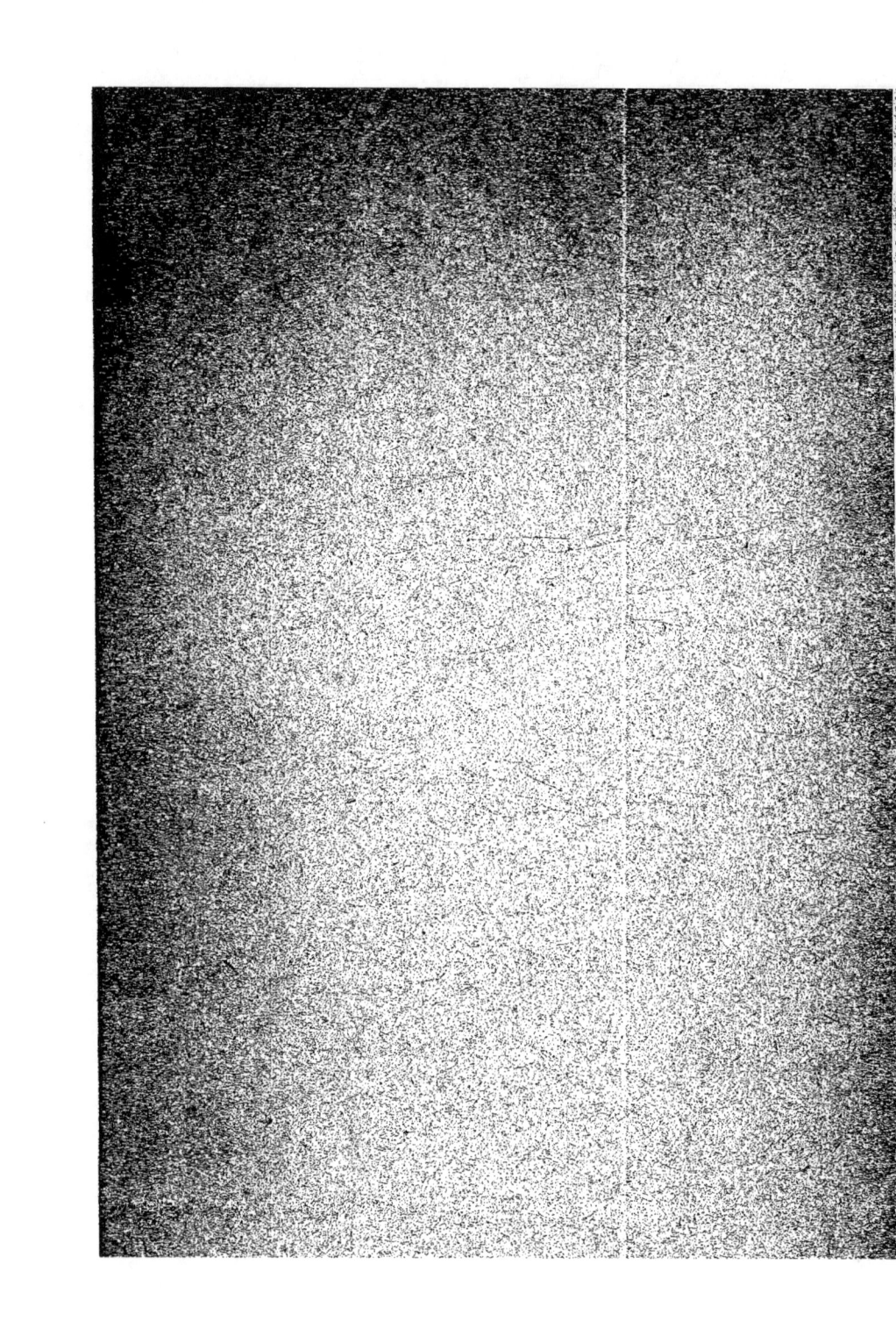

LE TRANSPOSITEUR

ou

L'IMPROVISATEUR DE TISSUS

LE TRANSPOSITEUR

ou

L'IMPROVISATEUR DE TISSUS

APPAREIL NON BREVETÉ

Basé sur la théorie des nombres premiers et des progressions
arithmétiques ascendantes ; donnant un nombre infini
de combinaisons

A L'USAGE DES COMPOSITEURS DE TISSUS
ET DES DESSINATEURS

inventé et décrit

PAR

Edouard GAND

Dessinateur industriel et liseur de cartons Jacquard, Professeur des Cours de tissage et de
dessin à la Société industrielle d'Amiens, Membre de l'Académie d'Amiens,
Officier d'Académie.

Trois Planches - 30 figures sur pierre et sur bois

PARIS
LIBRAIRIE POLYTECHNIQUE
J. BAUDRY, ÉDITEUR,
15, rue des Saints-Pères, 15

1871

AVANT-PROPOS

L'étude de la fabrication des étoffes peut se diviser en trois parties distinctes :

1^{ent} La partie purement TECHNIQUE, qui comprend d'abord la connaissance des matières textiles, leur manipulation, leur choix ; — puis les opérations antérieures au tissage, — et enfin le montage des métiers à lames, ainsi que la fonction de leurs organes ;

2^{ent} La partie SCIENTIFIQUE, qui a trait spécialement à la composition des tissus ou à la recherche de contextures autres que celles qui sont déjà connues et qui ont été consacrées par l'usage ;

Et 3^{ent} La partie ARTISTIQUE, qui consiste dans la création de dessins plus ou moins grands, pouvant, au moyen de la mécanique Jacquard, s'appliquer aux tissus imaginés par les compositeurs d'étoffes, et orner, aussi heureusement que possible, ces fonds, ces enchevêtrements si difficiles à trouver, — fonds qu'on appelle *armures*.

Je ne m'occuperai, dans le travail offert aujourd'hui aux manufacturiers, aux élèves des cours de fabrication, aux contre-maîtres et aux dessinateurs industriels, que de la partie scientifique du tissage ; car je considère l'art de composer les tissus comme la chose qu'il importe le plus de connaître.

En effet, l'une des plus grandes difficultés en fabrication est d'inventer des entrecroisements nouveaux entre les deux éléments de toute étoffe : la *chaîne* et la *trame*.

Tous les jours, les spécialistes se trouvent placés en face de ce problème à résoudre, et je crois pouvoir poser comme une incontestable vérité, que c'est là ce qui exige le plus grand effort d'esprit, la plus grande dépense d'imagination.

Il m'a conséquemment paru fort utile de chercher s'il n'y aurait pas un procédé qui pût venir en aide aux praticiens, quand leur intelligence se montre rétive, et qui leur rendît moins fatigant et moins pénible le travail qu'on réclame d'eux journellement. Ces recherches sont résumées dans le présent ouvrage.

L'exposé de mon système a été l'objet de communications faites à la Société industrielle de Saint-Nicolas (Belgique), à l'Académie d'Amiens et à la Société industrielle d'Amiens.

La Notice qu'on va lire est la reproduction fidèle de la conférence improvisée devant l'Académie des Sciences, Belles-Lettres, Arts, Agriculture et Commerce du département de la Somme.

ACADÉMIE D'AMIENS.

LE TRANSPOSITEUR

ou

L'IMPROVISATEUR DE TISSUS

CONFÉRENCE

Faite dans la séance du 28 Juillet 1871

Messieurs,

J'avais eu d'abord la pensée de diviser en deux parties la conférence industrielle que je vais avoir l'honneur de vous faire.

La première partie était un préambule auquel j'aurais pu donner le titre suivant : *Du droit de propager partout la science technologique.*

Dans ce discours préliminaire je choisissais comme sujet principal d'argumentation l'objet de mes études favorites : le tissage. Je m'attachais à démontrer que cette branche toute spéciale des connaissances humaines se fondant sur l'application de principes déterminés, de lois générales nettement définies, et pouvant, aussi bien que toutes les autres sciences pratiques, emprunter à l'art de combiner les chiffres, de très curieuses révélations, devait elle-même être considérée comme une science véritable.

Je soutenais qu'à ce titre elle n'est la propriété exclusive d'aucune nation, d'aucun district, d'aucune ville, et que, conséquemment, nul centre manufacrier n'est autorisé à revendiquer le monopole d'un ensemble de notions longuement et péniblement acquises par le travail persévérant des praticiens de tous les pays.

J'en concluais que les professeurs qui s'efforcent de propager ces notions précieuses partout où on les appelle, ne doivent pas être taxés d'indiscrétion, et que les accuser, — comme on le fait trop souvent, sans examen préalable, — de commettre presque un crime de lèse-industrie nationale ou locale, lorsqu'ils vont porter au loin les données de théories patiemment élaborées, c'est là une de ces légèretés, je dirai plus : une de ces allégations malveillantes et injustes que l'ignorance des faits ou l'égoïsme peut seul suggérer.

Pour tout dire, en un mot, Messieurs, je défendais la cause des vulgarisateurs, car ce sont eux qui servent le progrès en concourant à développer les aptitudes pour les arts industriels. Je tenais en réserve une foule de preuves à l'appui de cette thèse, et j'aurais espéré d'autant mieux gagner mon procès, que je l'aurais plaidé en présence d'hommes dont on ne peut contester l'impartialité, la haute portée d'esprit et la rectitude du jugement.

L'argument le plus puissant, d'ailleurs, je le trouvais dans l'exemple même qui faisait le sujet de la seconde partie de ma lecture.

En effet, cette deuxième lecture, comme vous allez le voir, est consacrée à la description d'un appareil que je nomme *Transpositeur* et que j'ai récemment imaginé pour composer des étoffes très variées.

Or, admettez, Messieurs, qu'en voyant fonctionner cet ustensile, vous arriviez à être éclairés sur l'évolution des textiles qui entrent dans la composition des tissus ; supposez que vous ayez un commencement d'initiation aux premiers éléments du tissage, à l'art même de créer de la nouveauté, et cela sans entendre le moins du monde parler des procédés de fabrication de l'industrie picarde, ne serez-vous pas naturellement amenés à reconnaître que l'enseignement de cette science peut être répandu dans toutes les régions industrielles, sans que ceux qui le professent aient à trahir les secrets, plus ou moins éventés déjà peut-être, de telle ou telle cité manufacturière ?

C'est à cette conclusion, je le répète, que je désirais arriver, et le plan que je m'étais tracé me paraissait de nature à me faire obtenir gain de cause.

Mais le temps m'a complétement fait défaut pour mettre aujourd'hui ce projet à exécution, et je me vois, jusqu'à nouvel ordre, forcé de m'en tenir à la partie purement descriptive de ma lecture.

Je me bornerai donc à vous montrer comment, en appliquant l'arithmétique au tissage et en trouvant le moyen de traduire matériellement les données théoriques fournies par le calcul, on parvient à faire naître, sans aucun effort d'imagination, des entrecroisements de textiles très-originaux et tout-à-fait inattendus.

J'aurais pu, par la prise d'un brevet, m'assurer la propriété de l'appareil très-simple dont il vient d'être question, car tout me porte à croire qu'en raison de sa simplicité même, il sera bientôt adopté par les dessinateurs et contre-maîtres de fabrique, par les fabricants eux-mêmes et par les directeurs d'Ecoles industrielles. Qui sait même si, réduit à des proportions moins grandes que celles du tableau placé ici sous vos yeux, le Transpositeur ne figurera pas tôt ou tard, à titre de jouet amusant et utile, sur le guéridon de la jeune fille ou sur le pupitre du fils de quelque manufacturier jaloux de familiariser de bonne heure ses enfants aux combinaisons si curieuses, aux agencements si complexes des matières filamenteuses ? C'est là, du moins, une de mes chères espérances, car il est grandement temps de songer à former une pépinière de praticiens, si l'on veut lutter à armes égales avec les nations voisines, nos rivales si acharnées et si laborieuses.

J'aurais pu, comme je viens de le dire, me réserver la vente exclusive de ce petit ustensile improvisateur et en tirer produit, mais je ne tiens pas au monopole de mon idée ; je désire seulement lui assigner une date de priorité dans les archives de notre Compagnie, laissant aux praticiens et à certains intéressés, qui apportent plus ou moins d'empressement à s'assimiler mes travaux, la pleine liberté de se servir du Transpositeur.

Cela posé, j'entre en matière, et, pour faciliter l'intelligence des démonstrations qui vont suivre, je commencerai par l'exposé de quelques notions préliminaires qui, entre autres avantages, auront du moins celui de vous édifier sur le sens de certaines expressions techniques fréquemment employées.

Une première question se présente : Qu'est-ce qu'un tissu ? — Un tissu est le résultat de l'entrecroisement de fils dont les uns, disposés d'avance et tendus parallèlement les uns aux autres, se nomment :

FILS DE CHAÎNE ou simplement FILS.

Et dont les autres, déroulés et insérés successivement, au moyen d'une navette, dans un angle d'ouverture quelconque de la chaîne, et perpendiculairement à cette dernière, se nomment :

FILS DE TRAME, ou simplement DUITES.

Un métier mégaloscopique, dont les 8 fils sont en gros tubes de caoutchouc et les duites en bois (des crayons), va nous servir à exécuter un premier entrecroisement.

LÉGENDE

Les figures 1 et 2 (Pl. I), représentent, vu de deux positions différentes, le métier que j'appelle *mégaloscopique* à cause du grossissement énorme que je donne aux objets qui représentent les textiles. J'ai disposé cet appareil de façon à ce qu'on puisse voir de très-loin l'évolution de la chaîne et l'effet produit par l'insertion des duites. Il me sert encore à rendre aussi simples et aussi claires que possible les démonstrations relatives au tissage des étoffes-types dont il sera question plus loin. Voici la légende de la Planche première.

Huit gros tubes T en caoutchouc (fig. 1) légèrement tendus sur le long cadre incliné G, sont passés dans des anneaux en cuivre m qui jouent ici le rôle de *maillons*. Ces tubes simulent les fils de la chaîne. Ils sont attachés à demeure aux barres $d\ d'$ qui forment les deux petits côtés du cadre G.

Les crayons C représentent la trame dans les figures 1, 2 et 3.

Il suffit de tirer l'un quelconque des petits boutons en ivoire b (fig. 2), et de venir l'emprisonner entre deux broches p (fig. 1) du râteau R, pour :
1° tendre la corde élastique correspondante x,
2° entraîner le maillon soutenu par cette corde, et
3° enfin maintenir soulevé le tube T qui traverse ce maillon, — comme le montre la figure 2.

(7)

On peut alors introduire facilement à la main un des crayons C ou D (fig. 2 et 4) sous les tubes qu'on aura soulevés ainsi. Ces crayons qui servent de *duites,* n'exigent point de véhicule, c'est-à dire de navette pour être transportés et placés successivement sous les angles d'ouverture V déterminés dans la chaîne par le soulèvement d'un certain nombre de tubes. Cela simplifie l'opération.

D'ailleurs, la rigidité même du bois des crayons contraint les tubes si souples de caoutchouc à pro-produire des ondulations très caractéristiques sur et sous les duites passées, et à rendre ainsi très apparent le mode de contexture qu'il s'agit de faire saisir par l'auditoire.

Lorsqu'on a inséré un crayon, on dégage les boutons des dents du râteau, et alors les petites cordes élastiques ramènent les maillons et leur tube à leur position de repos initial.

Un petit pupitre P, placé dans la partie supérieure de l'appareil, permet de tenir en vue, devant l'opérateur et le public, la carte M sur laquelle, comme je l'expliquerai dans un instant, se trouve indiquée la configuration graphique du tissu qu'on veut exécuter.

Je crois que cette légende, tout écourtée qu'elle est ici, suffira pour l'intelligence des explications qui vont suivre. Le dessin parle aux yeux, ce qui vaut mieux que de longues phrases.

Voyons maintenant le parti qu'on peut tirer du

métier. Pour cela soulevons d'abord, je suppose, ou plutôt levons — pour me servir du terme technique — les quatre fils *impairs*, 1, 3, 5, 7, et convenons que le premier tube de gauche v sera considéré comme le premier fil de chaîne; — laissons immobiles les quatre fils *pairs*. — Voilà donc, réalisé dans notre chaîne de huit fils, une division ou un premier angle d'ouverture, dans lequel nous passerons une première duite ou un premier crayon.

Laissons retomber les quatre fils impairs dans leur position initiale. Aurons-nous alors fait un tissu? Aurons-nous accompli un entrecroisement complet, c'est-à-dire, tel que la duite, qui vient d'être insérée, soit bien assujettie à l'étoffe? — Non; car cette duite peut glisser dans le sens longitudinal de la chaîne sans rencontrer d'obstacle, puisque la moitié des fils est au-dessus de la trame ou du crayon, et l'autre moitié au-dessous (fig. 2).

Il n'en sera plus de même si, levant maintenant les quatre fils pairs 2, 4, 6, 8, nous passons dans ce nouvel angle une duite deuxième D (fig. 4).

Alors la première duite C sera emprisonnée; elle ne pourra glisser suivant le sens longitudinal des fils, comme précédemment, enfermée qu'elle est maintenant par la seconde duite.

Mais, qu'avons-nous fait en levant d'abord tous les impairs; puis, après insertion d'un crayon, en levant tous les pairs, pour insérer une seconde duite? — Nous avons fait de la Toile, c'est-à-dire, le tissu le plus élémentaire de la fabrication des étoffes.

Il résulte de ces deux insertions, que chaque fil accomplit (fig. 4), *sur* et *sous* les duites, une ondulation caractéristique. On appelle *point* de *liage*, le sommet de la courbe que chaque fil décrit en passant soit au-dessus, soit au-dessous d'une duite. Conséquemment le premier fil a ici son premier point de liage sur la duite n° 1 et son second point de liage sous la duite n° 2. — C'est le contraire que vous remarquez dans la marche du second fil. Vous voyez, en outre, que ce passage alternatif des fils pairs et impairs *sur* et *sous* la trame détermine, entre les duites, un croisement des fils (un *encroix*) qui seul peut solidifier le tissu, et qui achève l'étoffe, — en tant que procédé de contexture, bien entendu.

Et, en effet, si nous voulions assujettir à son tour la deuxième duite, il nous faudrait lever à nouveau tous les fils impairs pour insérer une troisième duite. Celle-ci serait semblable à la première, et conséquemment nous ne ferions que recommencer ce qu'on appelle une seconde répétition de la contexture *toile*. Ainsi les duites 3 et 4 seraient les similaires des duites 1 et 2 ; et, si nous passions huit duites, nous aurions quatre répétitions du tramage de la toile. D'où l'on peut conclure que deux duites suffisent pour symboliser ce tramage complet.

De même, si vous examinez le jeu des fils, vous

remarquerez que les fils impairs 3, 5, 7, évoluent tous comme le fil 1, et que les fils pairs 4, 6, 8, fonctionnent comme le fil 2. D'où l'on peut conclure également que deux fils de chaîne suffisent, par leur évolution réciproque, pour représenter le système complet d'entrecroisement de la contexture toile, réalisée sur notre métier mégaloscopique. Donc les huit fils ou gros tubes en caoutchouc, fournissent quatre répétitions de la toile. Si notre chaîne contenait 2,000 fils, et que nous passions 2,000 duites, nous aurions 1,000 répétitions du tissu toile, en trame, et 1,000 répétitions en chaîne. — N'oublions point cette observation, car elle nous sera utile tout-à-l'heure.

Maintenant une deuxième question vient se poser à son tour : Y a-t-il un procédé graphique, une sorte d'écriture conventionnelle pour simuler l'évolution des fils de chaîne et le mode d'insertion des duites ? Y a-t-il, en un mot, un moyen de figurer, par le dessin, par une représentation quelconque, toute espèce d'entrecroisement qu'on se propose de réaliser sur le métier ?

Oui ; — on écrit l'effet sur un papier quadrillé, et cette configuration graphique ou plutôt cette *écriture* (c'est le mot consacré) se nomme ARMURE.

Ainsi, nous venons de faire une toile dans laquelle le premier fil a été d'abord levé au-dessus de la première duite, puis laissé sous la seconde duite.

Voici le tracé graphique vertical de l'évolution de ce fil (fig. 1).

Fig. 1.   ☐ 2ᵉ duite.
          ■ 1ʳᵉ duite.
          1

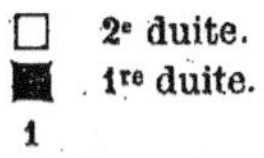

Les deux cases superposées montrent les deux positions consécutives que le fil doit prendre pour le passage des duites. Le carré *noir* (1ʳᵉ case) signifie que ce premier fil est pris lors du passage de la première duite, et le carré *blanc* (2ᵉ case) montre que ce fil doit être laissé (ou même rabattu, comme cela se fait le plus souvent) lors du passage de la seconde duite.

Voici maintenant la représentation graphique du second fil (fig. 2).

Fig. 2.   ■ 2ᵉ duite.
          ☐ 1ʳᵉ duite.
          2

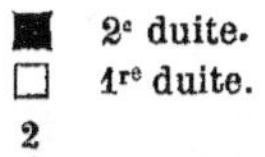

Ici la case 1 montre que le fil 2 est laissé sous la première duite, et la case 2 fait voir qu'il est pris pour passer sur la seconde duite.

Or, comme ces fils sont juxtaposés dans le métier, on aura un tracé graphique complet en rapprochant l'un contre l'autre les deux graphiques partiels ci-dessus. Conséquemment voici le symbole complet de la toile (fig. 3).

Fig. 3.   ☐■ 2ᵉ duite.
          ■☐ 1ʳᵉ duite.
          1 2

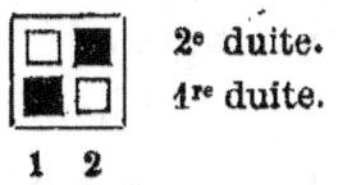

Une *armure* est donc la détermination faite à l'avance, sur papier quadrillé, de l'ordre suivant lequel les fils de chaîne devront se diviser, se séparer, s'éloigner momentanément les uns des autres pour permettre à l'ouvrier tisserand d'insérer, dans chaque angle successif d'ouverture qu'aura produit la séparation de ces fils, une duite dont la longueur pourra être considérée comme étant égale à la largeur ou laize du tissu, lisières comprises.

On appelle *mise en carte* l'échiquier ou plan quadrillé sur lequel l'armure est écrite.

Dans une mise en carte, ainsi que cela ressort de l'analyse qui précède, chaque rangée verticale de cases simule l'*évolution* d'un fil de chaîne, et chaque rangée horizontale de cases (fig. 4 et 5 ci-dessous) représente le *pointé* d'une duite :

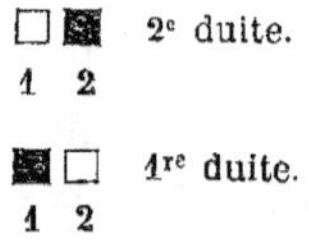

Fig. 4 et 5.
☐▨ 2ᵉ duite.
1 2

▨☐ 1ʳᵉ duite.
1 2

Il est évident qu'en rapprochant ces deux derniers tracés graphiques horizontaux, on obtiendra encore la carte générale ou synthétique de la toile (fig. 3).

Si l'on considère une armure par rapport au nombre de fils de chaîne qu'elle contient, on dit que cette armure exige tant de fils dans son *rapport transversal*, attendu que, sur la mise en carte, on compte les fils de gauche à droite ou transversalement.

Donc la toile comporte deux fils dans son rapport-chaîne ou rapport transversal.

Si, au contraire, on envisage le nombre de duites nécessaires à la configuration du tissu, on dit que cette armure contient tant de duites dans son *rapport longitudinal*, attendu que, sur la mise en carte, on compte les duites de bas en haut, c'est-à-dire, longitudinalement.

Donc la toile se compose de deux duites dans son rapport-trame ou rapport longitudinal.

Pardonnez-moi, Messieurs, d'entrer dans ces détails techniques, et par trop arides peut-être ; mais ils sont tout-à-fait indispensables pour rendre compréhensibles les démonstrations qui vont suivre.

Revenons aux armures. — Quelques explications sont encore ici nécessaires, quant à leur classification.

ARMURES FONDAMENTALES

Il y a quatre armures fondamentales : la Toile (fig. 6), le Batavia (fig. 7), le Sergé (fig. 8), et le Satin (fig. 9).

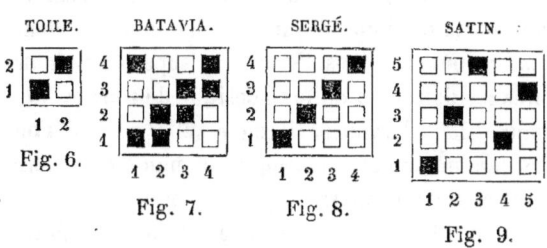

Fig. 6. Fig. 7. Fig. 8. Fig. 9.

Ces armures, ainsi que tous leurs dérivés réguliers, offrent des particularités caractéristiques qu'il est utile de vous signaler :

1ent. — Les modules ou plans quadrillés sur lesquels les armures fondamentales sont ici figurées, ont toujours autant de cases en hauteur qu'en largeur. Elles ont donc toujours autant de duites que de fils, puisque chaque rangée horizontale de cases représente une duite et chaque rangée verticale un fil de chaîne. C'est ce que prouve l'inspection attentive des quatre mises en carte ci-dessus.

2ent. — Chaque duite a un pointé spécial.
Exemple : dans le Sergé (fig. 8) qui comprend quatre fils, la première duite a son pointé sur le premier fil ; elle est donc liée par ce premier fil de chaîne. La seconde duite est liée par le second fil, et ainsi de suite. Chaque duite a donc son point de liage sur une case spéciale.

3ent. — Dans un Sergé quelconque, chaque point unique de liage se trouve placé à l'intersection d'une duite ou d'un fil qui, tous les deux, portent le *même* numéro dans l'ordre de superposition de toutes les duites ou de juxtaposition de tous les fils compris dans l'armure. Il en résulte que, si l'on considère une duite quelconque, le numéro d'ordre de cette duite révèlera toujours le numéro d'ordre du fil sur lequel on rencontrera le point unique d'évolution qui sert à lier la duite ainsi observée, et réciproquement si c'est un fil que l'on considère d'abord.

Ainsi, reportons-nous au Sergé (fig. 8 intercalée dans le texte); nous verrons que la duite n° 1 est liée par le fil n° 1 ; la duite n° 2 par le fil n° 2, et ainsi de suite.

4ent. — Chaque fil a une évolution spéciale.

Exemple : dans le satin de 5 (fig 9) qui exige cinq duites, le premier fil évolue, c'est-à-dire, est pris ou levé pour le passage de la première duite, ainsi que l'indique la case noire placée à l'intersection de ce premier fil et de cette première duite. Il est ensuite baissé ou rabattu quatre fois, ainsi que le montrent les quatre cases blanches qui, au-dessus du carré noir, complètent la rangée verticale de cases, dévolue au premier fil : — Le second fil ne lève que lors du passage de la troisième duite, puisque la case noire, qui signale cette évolution, se trouve sur la troisième case; et ainsi de suite pour les fils 3, 4 et 5 — chaque fil a donc son point d'évolution sur une case spéciale.

5ent. — Dans les armures à sillons obliques (toile et surtout batavia et sergé) ou dans leurs dérivés réguliers, c'est-à-dire faisant diagonales comme ces armures-types, le *décochement* est continu. — On appelle décochement la gradation, soit de droite à gauche, soit de gauche à droite, suivant laquelle s'opère la levée successive des fils de chaîne à chaque insertion de duite. Ce mot s'applique également à la configuration graphique de cette gradation sur papier quadrillé.

Je viens de dire que le décochement, dans les armures à sillons obliques, est *continu*. En effet, il s'opère de un fil à un fil et de une duite à une duite, sur toute la longueur du sillon.

Exemple sur le sergé de 4 (fig. 8). La duite n° 1 est liée par le fil n° 1 ; — la duite n° 2 est liée par le fil n° 2, en sorte que les cases simulent les gradins d'un escalier ; d'où l'on peut poser comme conséquence que : 1° le point d'évolution de l'un quelconque des fils peut-être considéré comme n'étant autre que le point du fil précédent, *remonté d'une case* ; — 2° le point de liage de l'une quelconque des duites n'est autre que le point de la duite précédente, *reculé d'une case* vers la droite, si la croisure va de gauche à droite comme l'indique ce signe ⁄⁄, ou vers la gauche si la croisure ⟍ va de droite à gauche.

Il s'en suit que pour simuler l'armure d'un sergé, on peut singulièrement en abréger la représentation graphique. Il suffit de donner l'évolution du premier fil, c'est-à-dire, une seule rangée verticale de cases, et de convenir que le signe ⟍ ou ⁄⁄ indiquera que non-seulement l'armure est un sergé ou tissu à sillon oblique, mais que ce sillon devra se faire dans le sens indiqué par le sens d'inclinaison du signe. On aura ainsi une notation abréviative des sergés. — Exemples :

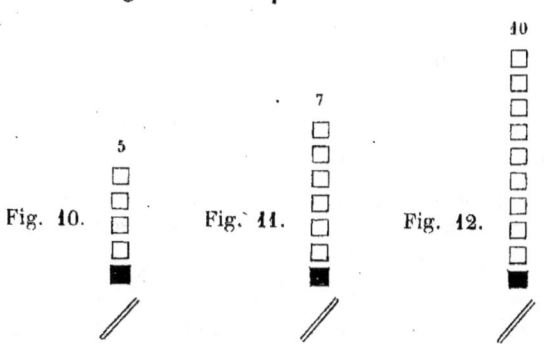

La figure 10 voudra dire que le tracé, simplifié, représente un sergé de 5 sur un plan de 5 cases carrées ; puisqu'en vertu de la première propriété, les armures fondamentales, en sergé, ont toujours autant de duites que de fils. Cette notation indiquera, en outre, que le sillon ou l'hypoténuse, formée par le décochement des points uniques de liage (un point unique pour chaque duite), se fera de gauche à droite //.

Il en sera de même pour les figures 11 et 12; l'une exprimera un sergé de 7 sur un échiquier de 49 cases (7×7), et l'autre voudra dire au contremaître monteur, qu'il aura à exécuter un sergé de 10 sur 100 cases carrées (10 rangs horizontaux de cases, multipliés par 10 rangs verticaux).

6^{ent}. — Dans les satins, le décochement est alternatif ou *sauté*. — Les points de liage sont isolés les uns des autres; mais cette répartition n'est pas arbitraire : elle est la conséquence d'une loi arithmétique dont je me bornerai à vous signaler plus loin les résultats.

Ainsi, dans le satin de 5 (fig. 9) : le point de liage du premier fil est sur la *première* duite.

Le point de liage du second fil est sur la *troisième* duite. Il a donc fallu passer de la première à la troisième duite, c'est-à-dire, remonter de deux cases ou ajouter le chiffre 2 au chiffre 1 pour arriver au chiffre 3 qui signale le numéro d'ordre de la duite sur laquelle le fil n° 2 du satin aura sa case noire ou son point de liage (Planche II, fig. 1, cartes chiffrées).

La carte A donne la marche ascensionnelle par 2, et la carte B justifie les explications suivantes :

Le fil n° 3 est lié sur la cinquième duite.

Le fil n° 4, si l'on remonte encore de deux, serait lié sur une *septième* duite,

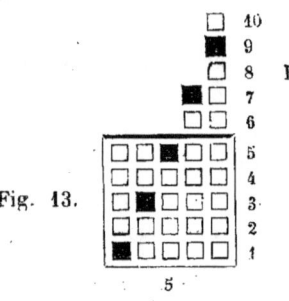

Fig. 13.

comme le montre la figure 13 ci-dessus ; et enfin, le fil n° 5 serait lié (en remontant toujours de deux) sur une neuvième duite.

Mais, rappelons-nous que le module ou plan quadrillé d'un satin de 5 — armure fondamentale — n'a que 5 cases en travers et 5 cases en hauteur. Or, dans 5 cases en hauteur, il n'y a ni *septième* ni *neuvième* duite. Mais alors, à quoi s'appliquent ces chiffres 7 et 9, que vient de nous imposer la répartition rationnelle des points, dans la construction du satin de 5 ?

Réponse : Ils s'appliquent tout simplement aux cases n°s 2 et 4 d'un échiquier qui représenterait une nouvelle répétition, c'est-à-dire, un *deuxième* rapport de l'armure (fig. 13). En effet, $7-5=2$, et $9-5=4$.

Conséquemment, pour réaliser le pointé complet du satin de 5 dans un simple échiquier de cinq cases carrées, il nous suffira, après avoir substitué le chiffre 2 à 7, et le chiffre 4 à 9, de prendre le fragment de carte qui se trouve en F, au-dessus du module de la figure 13, et de venir placer ce fragment sur le plan primordial de l'armure, à la place imposée par l'ordre qu'occupait ce fragment dans le second rapport. De cette façon on aura la carte chiffrée C (Planche II, fig. 2), dans laquelle les numéros, posés sur les cases en grisé, correspondent aux numéros d'ordre des duites, comme dans la carte B (même Planche, fig. 1). Cette seconde figure C n'est, comme vous le voyez, que la reproduction exacte de la première A, et toutes deux sont les similaires de la mise en carte (fig. 9) intercalée ci-dessus dans le texte (page 13).

La répartition des points de liage, dans un satin de 5, s'opère donc par un décochement de 2 en 2 cases. En sorte que si l'on veut abréger le tracé graphique de ce satin, on peut, en représentant par la lettre D le décochement à noter *sous* le rang de cases simulant le premier fil, et par le chiffre 2, le mode d'ascension suivant lequel ce décochement s'opère, on peut, dis-je, obtenir une notation abréviative et conventionnelle analogue à celle que j'ai proposée pour les tissus sergés ou à sillons. On aura ainsi la simple indication suivante (fig. 14) :

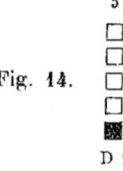

Fig. 14.

qui, pour le contre-maître monteur, voudra dire : 1° plan de 5 cases carrées ; 2° armure fondamentale; 3° décochement de 2 duites en 2 duites, et 4° carré noir au bas de la rangée de cases, indiquant le point de liage du *premier* fil de l'armure. J'appellerai *jalon* ce premier point noir.

Le système de notation abréviative que je propose pour les sergés (pages 16 et 17) et pour les satins, offre un grand avantage, non-seulement au professeur de tissage, mais encore au dessinateur industriel et aux patrons-directeurs d'importantes usines.

Il dispense le professeur d'exécuter la mise en carte entière de chacune des armures à sillons obliques ou des armures satinées qu'il propose, comme sujet d'étude ou comme problème de montage, à ses élèves.

Il abrége considérablement le travail du dessinateur industriel, puisqu'il permet à cet artiste de composer très-rapidement des collections complètes de représentations graphiques. Et, en effet, le compositeur n'est plus astreint à faire des cartes entières. Le pointé d'un premier fil lui suffit. Il en indique la notation aux dessinateurs subalternes, et ces *remplisseurs* achèvent les mises en carte d'après le renseignement conventionnel.

Enfin, le genre de notation que j'ai adopté ci-dessus, est très-utile aux patrons dans leurs rapports avec leurs contre-maîtres ou monteurs. Toute une nouveauté de saison peut être *écrite* sur une seule page de papier, grand format, d'une lettre ordinaire. On trouve chez les papetiers un papier à lettre avec filigramme quadrillé, qui est très-utile pour les mises en carte à signaler dans la correspondance d'un patron à son contre-maître. Ce dernier, étant bien pénétré des règles générales qui précèdent, peut, à l'inspection d'un fil *annoté*, déduire immédiatement de ce fil le module de l'armure et le montage du métier, en observant toutefois la réduction que le tissu doit comporter, c'est-à-dire le nombre de duites et le nombre de fils contenus dans un centimètre carré, pris pour étalon de mesure — renseignement que le patron ne doit pas non plus oublier de donner.

Mais revenons à l'armure fondamentale du satin et à son pointé alternatif ou sauté.

Cette répartition harmonique des points de liage d'un satin de 5 ; ce décochement *sauté* et qui assigne à chaque point un poste si régulièrement déterminé par rapport aux autres points, m'a conduit à rechercher si cette régularité ne se reproduirait pas, dans un ordre modifié toutefois, pour tous les satins, quelque grand que fût leur module.

Je vous donne ci-après le tableau des chiffres de décochement pour les satins de 5 à 82, sauf le satin de 6 qui seul est réfractaire à la loi, et dont je n'ai point à m'occuper ici (il n'y a point non plus de satins de 2, de 3, ni de 4).

(23)

TABLEAU DE CONSTRUCTION

DES SATINS RÉGULIERS, PAIRS ET IMPAIRS.

de 5 à 82

SATIN DE	REMONTER DE
5	2
6	Il n'y a pas de satin de 6.
7	2
8	3
9	2
10	3
11	2 3
12	5
13	2 3 5
14	3
15	2 4
16	3 7
17	2 3 4 5
18	5
19	2 3 4 7
20	3 9
21	2 4 8
22	3 5
23	2 3 4 5 7
24	5 7 11
25	2 3 4 7 9
26	3 5 7
27	2 4 5 8
28	2 5 13
29	2 3 4 5 8 9 12
30	7 11
31	3 4 5 7 11 12
32	3 5 7 15
33	2 4 5 7 10
34	3 5 9 13
35	2 3 4 6 8 11
36	5 11 1
37	2 3 4 5 6 7 8 10 13
38	3 5 7 9
39	2 4 5 7 14 16

(24)

M SATIN DE	D REMONTER DE														
40	3	7	9	11	19										
41	2	3	4	5	6	9	11	12	13	16					
42	5	11	13												
43	2	3	4	5	6	8	9	10	12	15					
44	3	5	7	13	21										
45	2	4	7	8	14	19									
46	3	5	7	11	17										
47	2	3	4	5	6	7	9	10	11	13	15				
48	5	7	11	17	23										
49	2	3	4	5	6	9	13	17	18	20					
50	3	7	9	13	19										
51	2	4	5	7	8	11	16	20							
52	3	5	7	9	11	25									
53	2	3	4	5	6	7	8	10	11	12	14	17	**23**		
54	5	7	13	17											
55	2	3	4	6	7	12	13	19	21						
56	3	5	9	13	15	17	27								
57	2	4	5	7	10	11	13	16	20						
58	3	5	7	9	11	15	**17**								
59	2	3	4	5	6	7	8	9	11	14	18	19	24	25	
60	7	11	13	19	29										
61	2	3	4	5	6	7	8	9	**11**	13	16	17	21	22	24
62	3	5	7	11	13	15	23								
63	2	4	5	8	10	11	13	17	20						
64	3	5	7	11	15	19	25	31							
65	2	3	4	6	7	**8**	9	12	14	17	**18**	19	21		
66	5	7	17	23	29										
67	2	3	4	5	6	7	8	9	10	12	13	14	16	18	23 29
68	3	5	7	9	11	13	19	33							
69	2	4	5	7	8	11	13	22	28						
70	3	9	11	13	17	29									
71	2	3	4	5	6	7	8	11	15	16	17	20	21	22	23 26 28
72	5	7	11	17	19	23	35								
73	2	3	4	5	6	7	8	10	11	13	14	15	16	17	19 25 **27** 31
74	3	5	7	9	11	13	19	23	**31**						
75	2	4	7	8	11	13	14	17	26	29					
76	3	5	7	9	13	21	23	27	37						
77	2	3	4	5	6	8	9	10	12	15	16	18	20	25	34
78	5	7	17	19	25	29									
79	2	3	4	5	6	7	8	9	11	12	14	15	18	19	23 27 28 29 32
80	3	7	9	11	13	17	19	31	39						
81	2	4	5	7	8	11	13	14	17	26	31	32	35		
82	3	5	7	**9**	11	13	17	21	23	31					

La colonne M contient les chiffres qui indiquent sur combien de cases carrées les satins sont construits ; M veut donc dire *module* — expression qui, elle-même, signifie : nombre de cases dévolues soit à chacune des duites soit à chacun des fils compris dans le plan quadrillé.

La colonne D contient les chiffres de décochement. Ces chiffres disent de combien de cases il faut remonter pour réaliser le décochement ou les décochements variés de chaque satin. On voit que les satins de 5, 7, 8, 9, 10, 12, 14 et 18 n'ont qu'une solution quant à leur mode de décochement, tandis que les autres en ont plusieurs.

Tous les petits chiffres placés dans la colonne D, signifient que les satins qui résulteront du mode de pointé dont ils expriment le décochement, auront une propriété toute spéciale et qui consiste en ce qu'entre quatre points voisins, choisis n'importe où sur la mise en carte de chacun de ces satins, on pourra inscrire deux espèces de *carrés longs* ou rectangles. C'est pour cela que j'appelle *rectangulaires* tous les satins qui, dans la colonne D, ont pour chiffre de décochement un *petit* numéro.

Exemple : — si, pour construire un satin de 7, nous consultons la colonne D du tableau ci-dessus, en portant les yeux en regard du module 7 de la colonne M, nous y voyons un petit chiffre 2. Cela nous donne le mode de décochement du satin de 7 et nous en déduisons la mise en carte indiquée sur la Planche II (fig. 3).

Or, nous pouvons, entre les quatre points voisins *a b c d*, inscrire le rectangle horizontal R composé de *deux* rangs de cases superposées ayant chacun trois cases en travers, comme le montre le petit rectangle tracé au centre du module. Ou bien nous pouvons aussi, entre quatre autres points *a c d e* (même Pl., fig. 4) inscrire un autre rectangle vertical R' qui, lui, comprendra deux rangs de cases juxtaposées, ayant chacun quatre cases en hauteur.

La possibilité d'inscrire deux rectangles de grandeurs différentes dans les satins, dont les décochements sont signalés par des chiffres *petits*, est précieuse; car elle va me permettre de réaliser, scientifiquement, sur le Transpositeur, un nombre bien plus grand de métamorphoses, que si nous n'avions, pour solution, que des satins *carrés*.

J'appelle satin carré celui entre quatre points voisins duquel on ne peut inscrire qu'un carré parfait.

Le satin de 10 (Pl. II, fig. 5) se construit, d'après le tableau de construction, en remontant de 3. Mais le gros chiffre **3** indique conventionnellement que le satin sera carré.

Or, un satin est carré lorsque son module M est la somme des carrés de deux nombres soit *premiers absolus*, soit *premiers entre eux*, et conséquemment premiers avec le module lui-même.

Ainsi le satin de 10 est le produit de 1^2+3^2 ou de $1+9$. Donc le satin de 10 est un satin carré.

En effet, sur la figure 5 (Pl. II), quels que soient les quatre points que l'on considère comme voisins, on ne pourra jamais inscrire entre eux autre chose qu'un carré parfait.

De sorte que, si l'on fait faire un quart de tour à la carte du satin de 10, on aura encore en vue un carré; tandis que, dans le satin de 7, si l'on fait faire un quart de tour à chacune des cartes 3 et 4 (cartes similaires, Pl. II), on rendra *vertical* le rectangle horizontal de trois cases, de la fig. 3, et on rendra *horizontal* le rectangle vertical de quatre cases, de la fig. 4.

Vous allez voir qu'en raison même de ces deux faits, les satins carrés ne donneront qu'une solution dans les expériences que nous allons faire, tandis que les satins rectangulaires en fourniront deux.

J'ajouterai que toutes les solutions de décochement, portées dans la colonne D du tableau de construction, sont *distinctes*, c'est-à-dire, qu'elles fournissent des répartitions harmoniques de points, complètement différentes les unes des autres.

On serait tenté de croire que le satin de 5, par exemple, peut se construire de quatre manières, comme le montrent les figures groupées sous la cote 6 (Pl. II, fig. 6); mais une simple inspection de ces quatre mises en carte fait voir que :

1° Le pointé du satin A' est la reproduction symétrique de celui du satin A ; 2° dans le satin B le décochement se fait de deux fils en deux fils, au lieu de se faire de deux duites en deux duites comme dans le satin A ; et 3° le pointé du satin B' n'est que la reproduction symétrique de celui du satin B, comme le montrent toutes les lignes obliques tracées à travers les pointés de ces cartes. D'où l'on peut conclure que, quel que soit le sens dans lequel on écrive le décochement des points dans un satin de 5, ce décochement s'opère toujours de *deux* en *deux*, et que conséquemment le chiffre 2 est absolument le seul qui donne la solution de la répartition des points de liage d'un satin de 5. Je vous ferai remarquer, en passant, que dans le tableau, le chiffre **2** est épais ; ce qui, conventionnellement, signifie encore que le satin de 5 est carré, comme l'indique le petit carré qui se trouve écrit dans le tracé graphique de ce satin (Pl. II, fig. 1). En effet, 5 est la somme de 1^2+2^2 ou de $1+4$. Donc il est carré.

Telles sont, Messieurs, les propriétés caractéristiques sur lesquelles j'ai cru indispensable d'attirer votre attention (1).

Comme je l'ai dit plus haut, cela vous initie aux éléments du tissage, puis vous familiarise avec les expressions techniques que je suis naturellement

---

(1) Voir le Tome Ier de mon *Cours de tissage*, en 75 leçons. 25 premières leçons). — Grand in-8° jésus. — 400 pages, Album de 30 Planches et 150 figures sur bois.

forcé d'employer; cela enfin vous révèle les procédés de représentations graphiques dont je me sers dans mon enseignement, toutes choses absolument nécessaires pour vous préparer à comprendre le pourquoi des métamorphoses que nous allons demander au Transpositeur.

Je puis maintenant aborder le sujet principal de cette conférence, à savoir l'étude comparée des sergés et des satins de même module. Car c'est sur cette comparaison que va être basée toute la théorie des tracés graphiques que j'appelle armures par *permutation chiffrée*.

Qu'est-ce qu'un satin? Nous pouvons le considérer comme un sergé *disloqué*, c'est-à-dire, comme un sergé dont les fils, dérangés de leur position primordiale, ont été replacés dans un ordre nouveau de juxtaposition, ordre imposé, bien entendu, par tel ou tel chiffre signalé dans le tableau de construction, en regard du module de ce satin (page 23).

Maintenant, qu'est-ce qu'un sergé? Nous pouvons le considérer à son tour comme une simple hypoténuse formée de points placés obliquement. Or, comme dans un sergé quelconque le premier point est sur la duite 1re, le second point sur la duite 2, etc., et qu'en vertu de la particularité signalée plus haut, chaque point est placé à l'intersection d'une duite et d'un fil portant le même numéro, il en résulte qu'on pourra considérer la progression arithmétique suivante comme s'appliquant aussi bien aux fils qu'aux duites :

1, 2, 3, 4, 5, 6, etc.

Cette progression ascendante, et dont la *raison* est *l'unité*, sera conséquemment la formule horizontale ou la représentation chiffrée de l'hypoténuse simulant, sur l'armure, le sillon oblique d'un sergé quelconque.

Mais alors, quelle devra être la progression arithmétique de tel ou tel satin de même module que ce sergé? c'est ce que deux exemples vont nous révéler.

Comparons d'abord le sergé A de 7 au satin B de 7 également (Pl. II, fig. 7). Plaçons la carte A au-dessus de la carte B, et établissons entre les fils similaires de ces deux cartes une relation au moyen des lignes directrices x x (petites cordes blanches en caoutchouc, suffisamment tendues, partant de la carte A et aboutissant à la carte B). Donnons ensuite à chaque fil de la carte B le numéro que son similaire porte dans la carte A. Nous aurons alors, sous la carte B, la nouvelle progression arithmétique suivante :

1, 3, 5, 7, 2, 4, 6

qui n'est autre que celle-ci :

1, 3, 5, 7, 9, 11, 13,

puisque 2, 4, 6 équivalent à 9-7, 11-7 et 13-7, comme cela a été expliqué pour le satin 5, à propos de la rentrée du pointage dans le plan quadrillé primordial qui sert de première répétition ou plutôt de premier *rapport* à l'armure de ce satin de 5 (page 18).

Faisons maintenant une opération exactement semblable sur un sergé de 10 et un satin de même module (Pl. II, fig. 8). La formule du sergé sera alors :

1, 2, 3, 4, 5, 6, 7, 8, 9, 10

et celle du satin sera :

1, 4, 7, 10, 3, 6, 9, 2, 5, 8.

Ainsi, la première des deux progressions arithmétiques qui nous servent d'exemples, celle du satin de 7, croîtra de telle sorte que la différence entre deux termes consécutifs sera toujours représentée par le chiffre 2.

Ce chiffre 2, comme vous le voyez, Messieurs, est ici la *raison* de la progression ascendante dont la formule horizontale sert de guide pour la transposition des rangées verticales de cases et conséquemment des fils du sergé de 7. Mais remarquez que ce même chiffre 2, qui détermine ici la transformation du sergé en satin, est précisément le chiffre de décochement qui, sur le tableau de construction (page 23), figure dans la colonne D, en regard du module 7.

En sorte que, pour établir *à priori* notre formule horizontale, il nous suffisait de connaître le chiffre de décochement 2 ou d'ascension des points de liage sur l'échiquier du satin de 7, et d'ajouter ce chiffre d'abord à l'unité, puis à 1+2 ou 3 ; puis à 3+2 ou 5 et ainsi de suite. Nous aurions obtenu directement la progression 1, 3, 5, 7, 2, 4, 6.

De même nous aurions pu déduire directement, du tableau de construction des satins, la progression donnant la métamorphose du sergé de 10 en satin carré de 10. Le gros chiffre **3** nous fournissait la *raison* de cette progression ascendante.

Mais il m'a semblé qu'il était plus convenable de demander à une suite de déductions, intentionnellement provoquées, le résultat final. Ce stratagème de démonstration devait, selon moi, vous faire mieux saisir les rapports qui existent entre les sergés et leurs satins correspondants. Nous sommes arrivés ainsi à dégager graduellement la donnée dont nous allons tirer un si avantageux parti pour la création des armures, — création à laquelle je pourrais presque donner le nom de spontanée.

Maintenant que nous tenons la clef des permutations chiffrées, voyons comment le Transpositeur fonctionne pour traduire graphiquement, j'allais dire matériellement, et séance tenante, toutes les formules horizontales que nous nous bornerons dorénavant à déduire directement des chiffres du tableau de construction.

Et d'abord j'appelle Transpositeur un cadre C (Pl. II, fig. 9), contenant un tableau quadrillé dans lequel une bande quelconque *b* ou rangée verticale de cases, simulant un fil de chaîne et son évolution, peut être séparée de ses voisines et placée sur le tableau dans une nouvelle position par rapport à ces mêmes autres bandes, celles-ci étant également libres et mobiles, et conséquemment susceptibles à leur tour d'un déplacement analogue.

Les grands sergés et leurs satins à large module, se prêtant aux combinaisons d'armures les plus variées et les plus élégantes, il importe de donner au moins 30 à 32 bandes au quadrillé du Transpositeur. J'ai choisi le chiffre 32 parce que chaque règle ayant deux centimètres de largeur, fournit un plan quadrillé de 64 centimètres carrés, proportion qui permet d'avoir un appareil portatif, et dont les pièces sont moins exposées à jouer que si elles avaient des dimensions par trop exagérées. Les règles sont en bois ; elles ont 4 millimètres d'épaisseur et leur partie quadrillée exige une longueur de 64 centimètres pour les 32 cases en hauteur. Ces bandes plates ont un supplément s de longueur pour s'adapter au cadre, comme je vais l'expliquer.

Les règles ayant deux faces, fournissent deux plans, dont l'un représente un tableau noir E, quadrillé par de minces filets blancs (Pl. II, fig. 9), et l'autre un tableau blanc E' (Pl. III, fig. 10), quadrillé par de minces filets noirs.

Sur le tableau noir (fig. 9), les pointés s'écrivent avec de la craie blanche et s'effacent au besoin avec l'éponge humide. J'ai tracé sur ce tableau un sergé de 29. Vous verrez plus loin pourquoi je choisis ce module 29 plutôt qu'un module 30, 31 ou 32.

Sur le tableau blanc (fig. 10), j'ai fait peindre à l'huile, et en carmin, le pointé de l'hypoténuse d'un sergé de 29, et en orange le pointé de l'armure diagonale qui accompagne ce sergé. Les carrés qui sont ici en grisé montrent les cases qui, dans le Transpositeur, sont en vermillon, et les carrés en noir signalent ceux qui y sont peints en orange.

Cette disposition coloriée reste donc à demeure comme type, et à titre d'exemple, pour les premiers exercices de permutation, dont je vais parler.

La base des règles b repose et peut glisser facilement, et transversalement sur une coulisse peu profonde, pratiquée dans la traverse inférieure T du cadre. Cette base est évidée, en m (fig. 9), pour être facilement prise par le pouce et l'index de la main droite. La partie supérieure s des bandes s'introduit aisément et glisse transversalement aussi dans une rainure ménagée dans la barre supérieure B, sur laquelle est écrit en blanc le mot *Transpositeur*.

Il suffit de soulever un peu chaque règle pour la dégager de la coulisse qui lui sert de support ou de point d'appui. On attire légèrement vers soi le bas de la règle ; on descend un peu celle-ci pour la dégager également de la rainure du haut, et on peut alors la transporter vers la partie de gauche G, où un espace suffisant est ménagé tout exprès pour un nouveau classement des bandes.

Ainsi disposés, ces deux tableaux deviennent de véritables mises en carte, dont le quadrillé est considérablement agrandi.

Vous allez voir, Messieurs, qu'on pourrait presque comparer ce genre d'appareil à un jouet d'enfant très-connu, au *Kaléidoscope*, car les contextures qui vont naître du déplacement méthodique des bandes mobiles, sont, par leur diversité même, comparables aux configurations spontanées qu'on voit apparaître dans l'ingénieux instrument d'optique qui vient d'être cité.

Le module 29 comporte un grand nombre de solutions, puisque déjà la colonne D du tableau de construction (page 23), contient en regard de M 29 : 1° six petits chiffres pouvant, pour les raisons données plus haut, fournir 12 solutions ; et 2° un gros chiffre de satin carré, pour treizième solution arithmétique.

On peut, au moyen de certains autres procédés de permutation, demander encore au module 29 des configurations très-originales. Et puis ce chiffre contient un satin carré et il offre en cela plus de ressources, pour la démonstration, que les chiffres 30, 31 et 32. Toutes ces raisons m'ont déterminé à adopter le n° 29 plutôt que l'un des trois numéros qui suivent, pour plan quadrillé et pour base d'expérimentation.

Voici les formules horizontales des progressions arithmétiques ascendantes, indiquant les treize modes de permutation que l'on peut faire subir aux bandes du Transpositeur, pour métamorphoser la serge de 29 (Pl. III, fig. 10) en autant de satins. Il est bien entendu que les satins obtenus par les chiffres de décochement 2, 3, 4, 5, 8, 9 et **12**, sont tous distincts les uns des autres, tandis que les autres satins, construits avec les *raisons* 6, 7, 10, 11, 13 et 14, proviennent d'un renversement du pointage des premiers. J'expliquerai plus loin le parti qu'on tire de ce renversement dont j'ai déjà dit quelques mots (page 27).

(37)

13 PROGRESSIONS ARITHMÉTIQUES, OU FORMULES HORIZONTALES DE TRANSPOSITION, POUR SATINS DE 29

D REMONTER DE																													
2	1	3	5	7	9	11	13	15	17	19	21	23	25	27	29	2	4	6	8	10	12	14	16	18	20	22	24	26	28
3	1	4	7	10	13	16	19	22	25	28	2	5	8	11	14	17	20	23	26	29	3	6	9	12	15	18	21	24	27
4	1	5	9	13	17	21	25	29	4	8	12	16	20	24	28	3	7	11	15	19	23	27	2	6	10	14	18	22	26
5	1	6	11	16	21	26	2	7	12	17	22	27	3	8	13	18	23	28	4	9	14	19	24	29	5	10	15	20	25
6	1	7	13	19	25	2	8	14	20	26	3	9	15	21	27	4	10	16	22	28	5	11	17	23	29	6	12	18	24
7	1	8	15	22	29	7	14	21	28	6	13	20	27	5	12	19	26	4	11	18	25	3	10	17	24	2	9	16	23
8	1	9	17	25	4	12	20	28	7	15	23	2	10	18	26	5	13	21	29	8	16	24	3	11	19	27	6	14	22
9	1	10	19	28	8	17	26	6	15	24	4	13	22	2	11	20	29	9	18	27	7	16	25	5	14	23	3	12	21
10	1	11	21	2	12	22	3	13	23	4	14	24	5	15	25	6	16	26	7	17	27	8	18	28	9	19	29	10	20
11	1	12	23	5	16	27	9	20	2	13	24	6	17	28	10	21	3	14	25	7	18	29	11	22	4	15	26	8	19
12 (carré)	1	13	25	8	20	3	15	27	10	22	5	17	29	12	24	7	19	2	14	26	9	21	4	16	28	11	23	6	18
13	1	14	27	11	24	8	21	5	18	2	15	28	12	25	9	22	6	19	3	16	29	13	26	10	23	7	20	4	17
14	1	15	29	14	28	13	27	12	26	11	25	10	24	9	23	8	22	7	21	6	20	5	19	4	18	3	17	2	16

(38)

EXPÉRIENCES

PROCÉDÉ MATHÉMATIQUE

Faisons maintenant l'application des principes qui ont été exposés dans nos prolégomènes et servons-nous du système conventionnel de notations proposé pages 17 et 20.

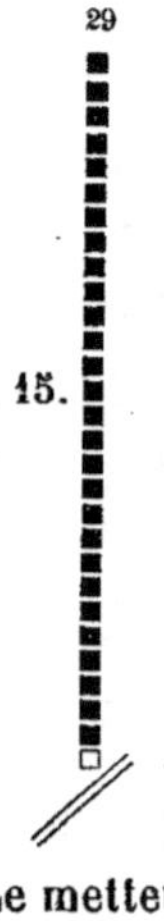

Fig. 15.

Si un fabricant donne, je suppose, à son contre-maître, ou si un professeur donne à ses élèves la notation suivante (fig. 15), applicable au fil b du Transpositeur (Pl. II, fig. 9), le contre-maître ou l'élève devra, à la simple inspection de ce diagramme, savoir : 1° qu'il aura à exécuter un sergé de 29 ; 2° que l'hypoténuse ou croisure diagonale ira de gauche à droite (sens du signe), et 3° que le pointé sera en blanc sur fond noir, le point jalon étant en blanc.

Le metteur en carte pourra donc immédiatement déduire de cette notation l'armure du sergé que vous voyez sur la droite du Transpositeur (Pl. II, fig. 9).

Mais, si le patron ou le professeur propose la notation suivante (fig. 16) sous le même fil b (même Pl., fig. 9),

(39)

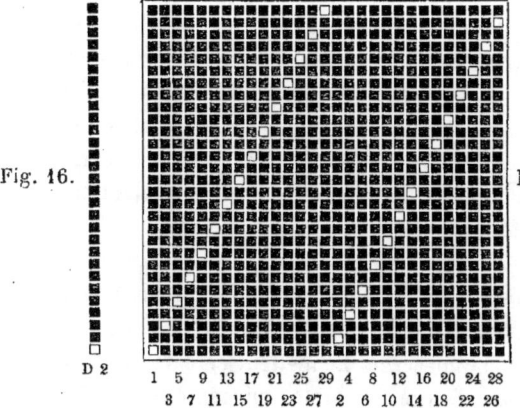

Fig. 16.   Fig. 17.

1 5 9 13 17 21 25 29 4 8 12 16 20 24 28
3 7 11 15 19 23 27 2 6 10 14 18 22 26

le metteur en carte voyant, sous cet autre diagramme, le chiffre d'ascension 2 à côté de la lettre D, en conclura qu'il s'agit maintenant d'un satin de 29 et non plus d'un sergé. Alors il consultera le tableau des progressions arithmétiques, spécialement consacré aux diverses solutions du satin de 29 et il trouvera (p. 37), en face du chiffre 2 représentant la raison de la progression arithmétique ascendante qui correspond au décochement par 2, l'ordre exact suivant lequel il devra opérer la permutation des bandes du Transpositeur, pour métamorphoser l'hypoténuse en satin. La figure 17 ci-dessus donne le résultat de cette opération. Vous y voyez que toutes les bandes impaires occupent la gauche, et toutes les bande paires la droite du plan quadrillé, comme l'exige la formule du satin demandé.

(40)

Maintenant retournons la première bande du Transpositeur, de manière à mettre en vue la face b' qui est quadrillée en traits noirs sur le fond blanc (Pl. III, fig. 10), puis, au-dessus du carré en grisé, qui sert actuellement de jalon ou de point unique de liage sur cette nouvelle bande première b', exécutons un pointé noir supplémentaire quelconque, — pointé de fantaisie tel, par exemple, que celui que j'ai fait peindre sur cette bande b'.

Supposons d'abord que la notation proposée pour ce premier fil, soit le signe oblique //, c'est-à-dire, l'indication d'un sergé. Le metteur en carte sachant, que, dans un sergé, le pointé qui représente l'évolution du second fil, n'est autre que le pointé du premier, remonté d'une case, et ainsi de suite, en déduira aussitôt l'armure diagonale qu'on nomme *une Serge*, et dont la configuration graphique totale apparaît sur la figure 10 de la Planche III.

Si, au contraire, la notation de la bande b' est D2, l'opérateur sachant encore que la progression arithmétique qui correspond à la raison 2, est 1, 3, 5, 7, 9, etc., ainsi que nous venons de le voir dans l'expérience du simple satin de 29 sur tableau noir, exécutera en conséquence la dislocation de la serge, et il obtiendra l'armure suivante (fig. 18).

Fig. 18.

1 5 9 13 17 21 25 29 4 8 12 16 20 24 28
 3 7 11 15 19 23 27 2 6 10 14 18 22 26

J'ai expliqué (pages 27 et 28), à propos du satin de 5 ce qu'il fallait entendre par ces mots : solution *distincte* et solution *renversée*. Nous avons vu, d'autre part (page 36), que les 13 permutations chiffrées auxquelles se prête la dislocation de la serge de 29, comprennent sept solutions distinctes : 2, 3, 4, 5, 8, 9, 12 et six solutions renversées : 6, 7, 10, 11, 13, 14.

Voici la relation directe qui existe entre les chiffres de chacune de ces deux séries.

La colonne A donne les solutions distinctes ;

La colonne B contient les solutions renversées correspondantes.

A	B
D2	D14
D3	D10
D4	D7
D5	D6
D8	D11
D9	D13
D12	00

La permutation ou solution *carrée* par **12** n'offre qu'une solution, attendu que, comme je l'ai dit, son renversement ne modifie en rien le carré parfait, inscrit entre quatre points de liage voisins (p. 27).

Maintenant si vous construisez, par exemple, un satin de 29 avec la notation D14, qui produit le renversement du pointage par la notation D2, et si, au-dessus de chaque point unique de liage de ce nouveau satin, vous venez placer le pointé de fantaisie qui se trouve sur la bande isolée *b'* dans la figure 10 de la Planche III, vous obtiendrez pour résultat une armure qui différera totalement de celle que fournissait la solution-type D2, et que représente la figure 18 intercalée dans le texte (p. 41).

C'est là une propriété toute spéciale dont jouissent les satins que j'ai appelés *rectangulaires*.

J'aurais voulu pouvoir donner ici l'illustration

des treize armures très-variées qui correspondent aux treize progressions arithmétiques auxquelles se prête le module ou plan quadrillé de 29 cases carrées; mais comme, d'une part, cela nécessiterait des frais assez considérables de gravures et de clichés, et que, d'autre part, les personnes intéressées peuvent, en consultant le tableau page (37), réaliser facilement sur papier quadrillé ce travail instructif, je me bornerai à reproduire la photographie que donne la serge (Pl. III, fig. 10), quand on en transpose les bandes d'après la formule D12, qui est celle d'un satin carré. En effet, 29 étant la somme 2^2+5^2 ou de $4+25$, le satin de 29 peut avoir une solution carrée. La figure onzième (Pl. III) met parfaitement en évidence l'œil de perdrix qui résulte du décochement par 12. En outre, on voit les points en grisé de l'hypoténuse se disperser et prendre alors position de manière à ce qu'entre quatre voisins d'entre eux, choisis n'importe où sur l'échiquier, on peut inscrire un carré parfait.

Ainsi donc, Messieurs, on peut demander au calcul et à ses déductions rigoureuses, un grand nombre de solutions produisant les combinaisons les plus inattendues.

Et, en effet, le pointé supplémentaire que j'ai fait peindre sur la bande b' et qui nous a donné la serge de la figure 10 (Pl. III) n'est pas le seul qu'on puisse écrire sur cette bande. Nous pourrions successivement déterminer, suivant notre fantaisie, un nombre considérable d'autres pointés qui nous fourniraient d'autres grandes serges, celles-ci se prêtant à leur tour et par leur dislocation, à une immense quantité de combinaisons imprévues.

A plus forte raison le nombre d'effets possibles deviendrait-il incalculable, si, ne nous en tenant plus au simple module de 29 cases, nous spéculions sur une série de modules compris entre le satin de 5 et le satin de 82, par exemple. C'est alors que l'idée de l'infini se présenterait, sous une nouvelle forme, à notre esprit. Ce mot *infini* n'aura rien d'exagéré pour vous, lorsque je vous aurai dit qu'on peut encore réaliser une autre série non moins incommensurable d'armures, en ayant recours aux solutions que j'appelle *scindées*, *binaires* et *ternaires*.

EXPÉRIENCES

SOLUTIONS EMPIRIQUES

Scindons, je suppose la grande serge de 29 (Pl. III, fig. 10) en deux parties égales. Pour cela, qu'il nous soit permis de considérer la bande 29 comme nulle. Il nous restera deux groupes composés : le premier des bandes de 1 à 14, le second des bandes de 15 à 28. Intercalons, maintenant, et de un à un, toutes les bandes du second groupe entre les bandes espacées du premier. Nous aurons alors la formule chiffrée 1, 15, 2, 16, etc., jusqu'à 14, 28. Eh bien ! cela nous fournit une combinaison très-intéressante.

Maintenant, nous pouvons scinder encore la serge, soit en deux groupes de 13, soit en deux groupes de 12, etc., en laissant de côté les bandes inutiles, et obtenir, au moyen du mode d'intercalation adopté dans l'exemple précédent, les combinaisons les les plus bizarres et les plus imprévues (1).

Ce n'est pas tout ; passons aux solutions binaires. Reprenons l'exemple de deux groupes de 14 bandes; mais, au lieu d'exécuter l'intercalation de un à un comme tout à l'heure, faisons-la de 2 en 2. Nous aurons ainsi : 1, 2, 15, 16, 3, 4, 17, 18, et ainsi de suite jusqu'à 13, 14, 27, 28.

Opérons maintenant, si vous le voulez, sur des groupes de 13 et 13, de 12 et 12, etc. Toujours nous verrons surgir de nouvelles configurations.

Les solutions ternaires ne nous produiront pas des aspects moins curieux : ainsi, sans nous préoccuper des limites où s'arrêtera forcément la marche d'une permutation ayant 3 pour facteur, exécutons, à titre d'exemple, les trois transpositions A B C ci-après :

(A) 1, 2, 3, 16, 17, 18, 4, 5, 6, 19, 20, 21, etc.
(B) 1, 2, 3, 15, 16, 17, 4, 5, 6, 18, 19, 20, etc.
(C) 1, 2, 3, 14, 15, 16, 4, 5, 6, 17, 18, 19, etc.

Peu nous importe, en effet, la limite où, faute de bandes, la marche de la permutation sera forcément

---

(1) Ici, M. Gand donne, au moyen du Transpositeur, une série d'exemples qui confirment ce qu'il vient d'avancer et qui mettent en évidence l'utilité de son invention.

arrêtée ; l'essentiel est que l'idée surgisse et que le mode de croisement de l'armure soit indiqué (1). En effet, le dessinateur ou le compositeur de tissus doit pouvoir, s'il sait son métier, saisir au premier aspect, l'intention de l'armure, dont un fragment vient d'apparaître. Il lui est alors facile d'achever la configuration graphique.

Parfois aussi il arrive que, parmi toutes les apparitions que donne le Transpositeur, il peut en être quelques-unes qui aient besoin d'une légère retouche de la part du metteur en carte, pour être réalisables sur étoffe. Ainsi, il peut se faire que l'armure qui résulte de tel ou tel mode de Transposition, offre des brides de chaîne ou des brides de trame par trop longues, et disproportionnées avec la réduction du tissu, c'est-à-dire, avec le nombre de fils et le nombre de duites que le manufacturier veut mettre au centimètre dans l'étoffe qu'il fabrique. Mais ne suffit-il pas, je le répète, qu'une idée, quoiqu'à l'état d'ébauche, ait surgi pour que l'opérateur, sachant modifier à point l'effet réalisé presque mécaniquement, le rende susceptible d'être approprié au tissage de tel ou tel article déterminé?

Je pourrais, Messieurs, m'en tenir aux expériences qui viennent d'être faites sur le Transpositeur pour

---

(1) Une série d'expériences, faites devant l'auditoire, prouve, en effet, que le mode caractéristique d'entrecroisement peut être suffisamment révélé par une configuration même non complètement achevée.

vous démontrer l'utilité de cet appareil et vous édifier sur le parti qu'un spécialiste intelligent peut en tirer. Mais cela ne suffit pas, selon moi, pour entraîner votre conviction entière. Je veux vous prouver que ces créations spontanées peuvent se traduire sur étoffe et donner des résultats parfois très-remarquables, car c'est en cela que ma méthode acquiert la valeur d'une invention pratique.

J'ai exécuté sur la chaîne que comporte le petit métier à échantillonner que je place ici sous vos yeux, un certain nombre d'armures obtenues au moyen du Transpositeur (1). Ce métier, tout-à-fait portatif et véritable appareil de salon, a cela d'important pour l'opérateur qu'il lui permet de se rendre compte, en peu d'instants, du rendement des combinaisons que produit la transposition des bandes mobiles. C'est donc un accessoire indispensable à côté du Transpositeur.

J'ai voulu vous démontrer, Messieurs, que les mathématiques peuvent s'appliquer au tissage, comme aux autres sciences. Je me considèrerai comme très-heureux si cette conférence a pu vous offrir quelque intérêt.

---

(1) M. Gand donne la description de l'appareil et il fait circuler dans l'auditoire les échantillons de gaufrés, de reps-guillochés, de nattés, de treillis, etc., dont il a exécuté le tissage d'après les permutations chiffrées opérées sur divers modules.

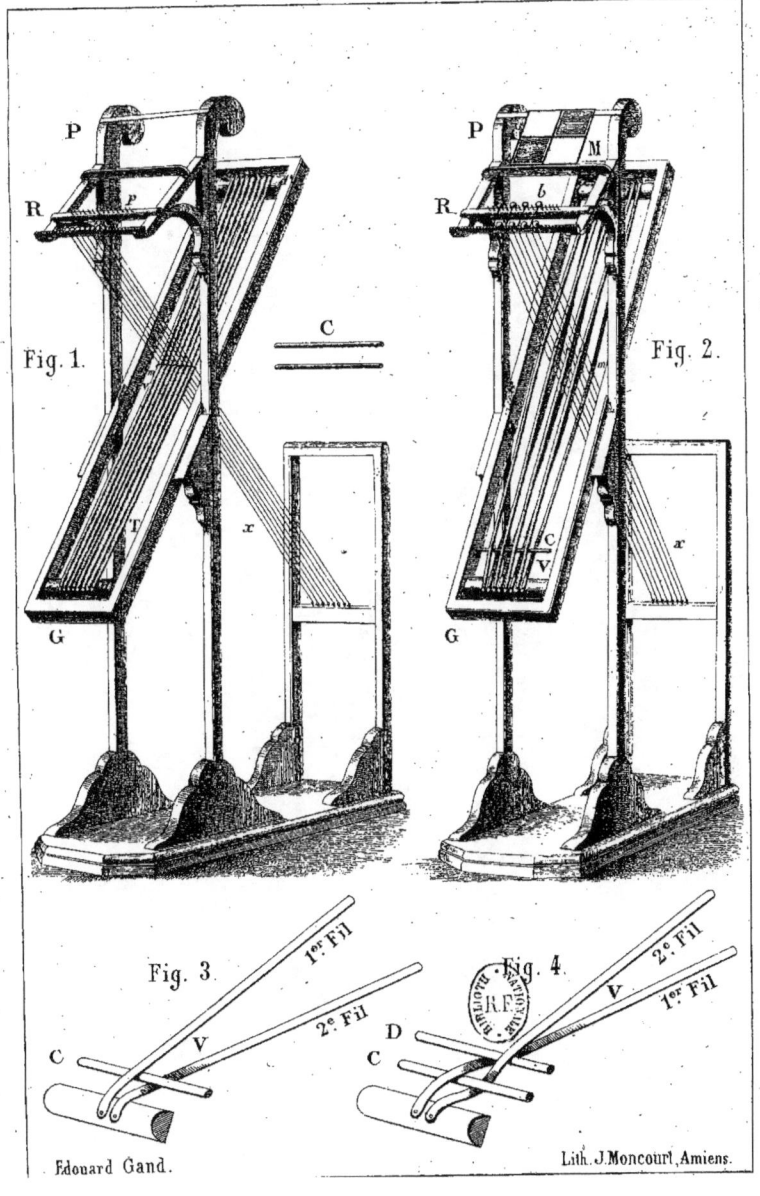

ACADÉMIE D'AMIENS

Planche II

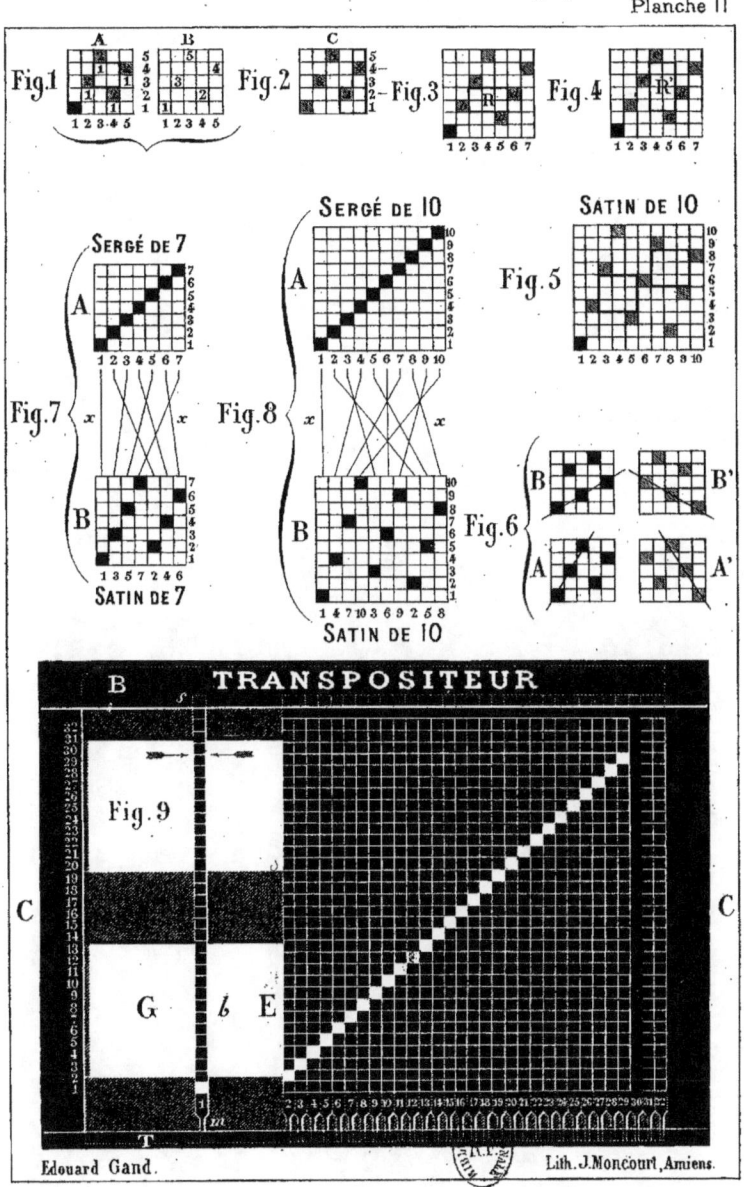

Edouard Gand. Lith. J. Moncourt, Amiens.

Académie d'Amiens

Planche III.

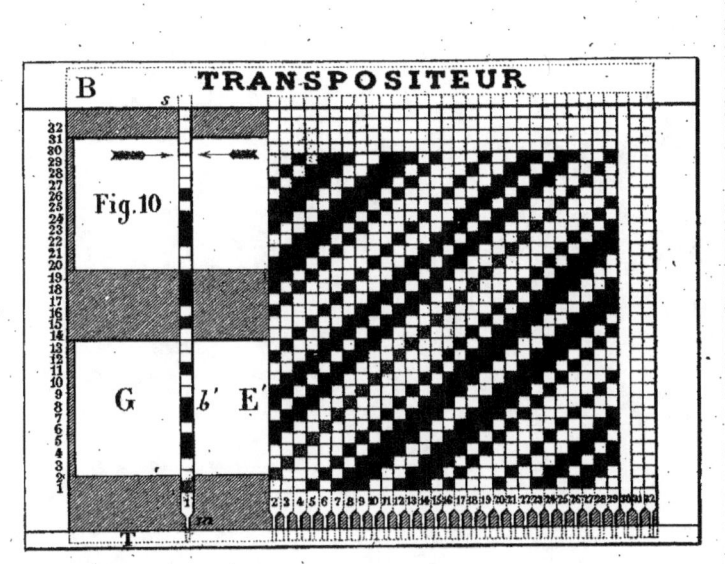

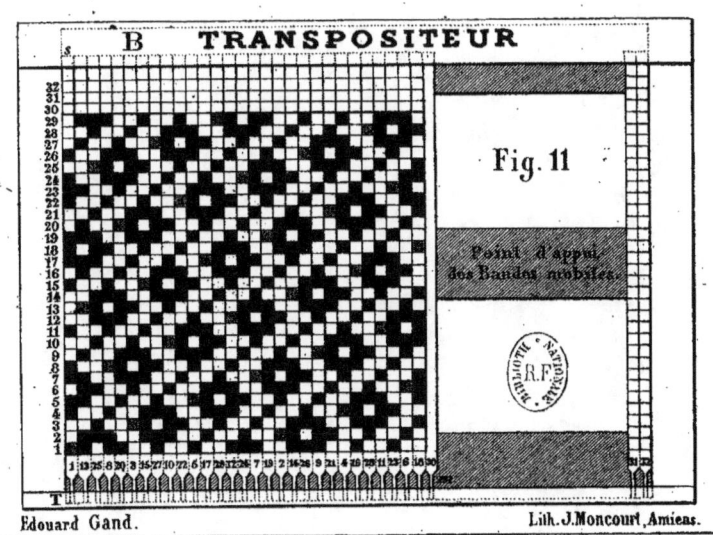

Edouard Gand. Lith. J. Moncourt, Amiens.

OUVRAGES SUR LA FABRICATION DES ÉTOFFES

ARCHIVES INDUSTRIELLES

GAND (Édouard). — **COURS DE TISSAGE**, professé à la Société industrielle d'Amiens, Tome 1ᵉʳ comprenant le Cours de première année en 25 leçons, un gros volume, grand in-8°, avec 30 Planches, 8 tableaux et 150 figures dans le texte. 20 francs.

Ce Tome premier, résumant la presque totalité des connaissances théoriques, forme de fait un traité élémentaire de tissage. L'auteur s'occupe activement de la rédaction des Tomes II et III qui complèteront le Cours en 75 leçons et qui comprendront :

L'un : le tissage mécanique des velours coupés longitudinalement sur table après fabrication ; — le tissage des velours coupés transversalement par métier pendant le tissage ; — l'Étude des Nattés, des imitations de pelages, des cachemires et tissus pour gilet, des étoffes épaulinées au battant brocheur, de la passementerie.

L'autre : les divers systèmes de lisages ; — les empoutages compliqués (suite) ; — la mise en Carte ; — l'Étude des cannelés, des tapis, des rubans et galons ; les tissus élastiques, les tulles-guipure, de la bonneterie ; — l'Étude des métiers rectilignes et circulaires ; — etc, etc ; — l'Étude des opérations antérieures au tissage.

EXTRAIT DE LA TABLE DES MATIÈRES DU TOME 1ᵉʳ : Textiles de convention ; — Principe fondamental de la confection des étoffes à fils rectilignes ; Armures fondamentales ; — Étude de la toile ; — Étude du Batavia ; — Étude du sergé et de la serge ; — Dérivés de ces armures ; — Étude et procédés de construction des satins réguliers et irréguliers ; — Art de décomposer les tissus ; — Mise en carte des tissus analysés ; — Définition analytique des termes ; — Étude du noć et à lames ; — Étude des divers remettages ; — Remettage suivi, à pointe, à pointe et retour ; remettage sauté, amalgamé, interrompu, à plusieurs corps ; remettage combiné ou à paquets ; remettage sinueux ; — Étude des satins à large module ; — Armures-tissu, armures-dessin, mosaïques. — Armure par permutation chiffrée, — Armure par substitution de cadence. — Étude des tissus complexes, doubles, triples, piqués, matelassés, plissés et gazes. — Étude complète de la mécanique Jacquard et des empoutages les plus usités.

GAND. — **FABRICATION DU VELOURS DE COTON**. Études théoriques et pratiques sur le tissage à bras, le tissage mécanique, etc. (1765 à 1865).
— Les huit exemplaires qui restent de l'édition, chacun 20 francs.

GAND (Édouard) et SÉE (Edmond), — **TRAITÉ COMPLET DE LA COUPE LONGITUDINALE DES VELOURS**, après tissage (1765 à 1865). — 23 Planches, 40 figures intercalées dans le texte et divers tableaux synoptiques, 188 pages. 12 francs.

GAND. — **NOUVELLE MÉTHODE DE CONSTRUCTION DES SATINS RÉGULIERS**, 90 figures sur bois (extrait du *Bulletin* de la Société industrielle d'Amiens) 10 francs.

GAND. — **LE TRANSPOSITEUR**, ou *l'Improvisateur* de tissus, appareil non breveté, basé sur la théorie des nombres premiers et des progressions arithmétiques ascendantes, et donnant un nombre infini de combinaisons ; à l'usage des compositeurs de tissus et des dessinateurs. — Ouvrage orné de trois Planches (30 figures sur pierre et sur bois). 3 francs.

www.ingramcontent.com/pod-product-compliance
Lightning Source LLC
LaVergne TN
LVHW021722080426
835510LV00010B/1097